essentials

Essentials liefern aktuelles Wissen in konzentrierter Form. Die Essenz dessen, worauf es als „State-of-the-Art" in der gegenwärtigen Fachdiskussion oder in der Praxis ankommt. Essentials informieren schnell, unkompliziert und verständlich

- als Einführung in ein aktuelles Thema aus Ihrem Fachgebiet
- als Einstieg in ein für Sie noch unbekanntes Themenfeld
- als Einblick, um zum Thema mitreden zu können.

Die Bücher in elektronischer und gedruckter Form bringen das Expertenwissen von Springer-Fachautoren kompakt zur Darstellung. Sie sind besonders für die Nutzung als eBook auf Tablet-PCs, eBook-Readern und Smartphones geeignet.

Essentials: Wissensbausteine aus den Wirtschafts, Sozial- und Geisteswissenschaften, aus Technik und Naturwissenschaften sowie aus Medizin, Psychologie und Gesundheitsberufen. Von renommierten Autoren aller Springer-Verlagsmarken.

Rüdiger Voigt

Der moderne Staat

Zur Genese des heutigen Staatsverständnisses

Prof. Dr. Rüdiger Voigt
Netphen
Deutschland

ISSN 2197-6708 ISSN 2197-6716 (electronic)
essentials
ISBN 978-3-658-10027-8 ISBN 978-3-658-10028-5 (eBook)
DOI 10.1007/978-3-658-10028-5

Die Deutsche Nationalbibliothek verzeichnet diese Publikation in der Deutschen Nationalbibliografie; detaillierte bibliografische Daten sind im Internet über http://dnb.d-nb.de abrufbar.

Springer VS

Gedruckt auf säurefreiem und chlorfrei gebleichtem Papier

Springer Fachmedien Wiesbaden ist Teil der Fachverlagsgruppe Springer Science+Business Media (www.springer.com)

Was Sie in diesem Essential finden können

- Überblick über die Geschichte europäischen Staatsdenkens anhand ausgewählter Staatsdenker
- Herleitung zentraler Begriffe der Staatsdiskussion, wie Macht, Herrschaft, Souveränität, Gesellschaftsvertrag, Freiheit, Sicherheit und Bürokratie
- Einbettung der traditionellen Staatsdiskussion in gravierende Probleme unserer Zeit, wie Terrorismus, Überwachung etc.

Vorwort

Carl Schmitt (1888–1985), der brillanteste, zugleich aber auch der umstrittenste Staatsdenker der Weimarer Republik (Voigt 2015), hat bereits 1963 das Ende der Epoche der Staatlichkeit verkündet. Im Vorwort zum Neudruck seiner weithin bekannten Schrift „Der Begriff des Politischen" von 1932 stellt er fest (1963):

> Der Staat als das Modell der politischen Einheit, der Staat als Träger des erstaunlichsten aller Monopole, nämlich der politischen Entscheidung, dieses Glanzstück europäischer Form und occidentalen Rationalismus, wird entthront.

Tatsächlich hätte ihm bis zum Beginn der 1990er Jahre kaum jemand widersprochen. Der Staat schien seine Schuldigkeit getan zu haben. Es war Zeit für ihn, zu Gunsten internationaler Organisationen, supranationaler Gemeinschaften und transnationaler Kartelle zurückzutreten. Im Zeichen des Neoliberalismus haben vor allem die europäischen Regierungen buchstäblich Alles getan, um dieses Ziel zu verwirklichen. Mit dem Ende der bipolaren Weltordnung und dem Terroranschlag des 11. September 2001 hat sich das Bild freilich drastisch verändert. Wie Phönix aus der Asche ist der Staat wieder auferstanden und ins Zentrum des Geschehens zurückgekehrt, wenn nicht in der Finanz- und Wirtschaftspolitik, so doch in der Sicherheitspolitik. Allmählich setzt sich die Erkenntnis durch: Ohne einen funktionsfähigen Staat sind die Menschen hilflos anonymen Kräften ausgeliefert, denen sie nichts entgegenzusetzen haben. Gleichzeitig ist der Staat selbst jedoch auf dem Weg dazu, im Zuge des globalen Kampfes gegen den Terrorismus zum „Großen Bruder", zum Orwellschen Überwachungsstaat zu werden. Das neue Schlüsselwort dazu ist PRISM, ein Programm des US-Geheimdienstes NSA (National Security Agency) zur weltweiten Datenerfassung und –verarbeitung. Es ist sicher kein Zufall, dass das Buch „1984" von George Orwell (1903–1950), in dem dieser eine Überwachungs-Diktatur schildert (1994), in der Amazon-Liste der meistverkauften Bücher in Großbritannien auf Platz 42 steht.

Inhaltsverzeichnis

1 Was ist der moderne Staat?

Was haben wir uns unter dem „modernen Staat" vorzustellen, wenn wir die Orwellsche Horrorvision einmal für einen Moment ausblenden? Das Bild des modernen Staates ist auch dann janusköpfig (Voigt 2009). Der Staat setzt einseitig Recht, er erhebt einseitig Steuern, er vergibt einseitig Leistungen. Gleichzeitig ist der Staat aber auch ein Gemeinwesen („res publica"), das durch den gegenseitigen Willen seiner Bürger und Bürgerinnen konstituiert und von diesem gegenseitigen Willen getragen wird. Im Folgenden will ich den modernen Staat aus der Perspektive einiger bedeutender Staatsphilosophen beleuchten. Staatsdenker stellen ihre Überlegungen regelmäßig vor dem Hintergrund des Staates an, in dem sie leben. Oft konfrontieren sie diesen Staat mit dem Idealbild eines vergangenen Staates („Goldenes Zeitalter") oder berufen sich auf in die Zukunft gerichtete Staatsutopien (Schölderle 2014). Zwar wird selten ein Staat gegründet, der dem erdachten Staatsideal genau entspricht, oft gehen von einem Staatsmodell aber wichtige Impulse aus. Rousseau und Locke sind prominente Beispiele für eine solche Wirkung.

Liest man die Werke großer Staatsdenker wie z. B. Machiavelli, Bodin, Hobbes und Locke, dann zeigt sich, dass diese bereits in der frühen Neuzeit einen Kernbestand an Staatlichkeit herausgearbeitet haben, der für ein halbes Jahrtausend das Selbstverständnis der europäischen Staaten bestimmt hat. Montesquieu, Rousseau, Kant, Hegel, Marx, Jellinek, Max Weber, Habermas, Foucault und Agamben haben dieses Staatsdenken – trotz z. T. gravierender Widersprüche – kontinuierlich weiterentwickelt (vgl. Voigt 2014). Moderne Staatlichkeit ist danach durch fünf Hauptmerkmale gekennzeichnet:

- Intensität der Staatswirksamkeit
- Rationalität der Staatsstruktur

R. Voigt, *Der moderne Staat,* essentials, DOI 10.1007/978-3-658-10028-5_1

- Trennung des Rechts von Sitte und Religion
- Unbedingte Sicherung des innerstaatlichen Friedens
- Eine an formalem Recht geschulte Beamtenhierarchie.

In einem langwierigen Prozess werden die Ordnungsfunktionen, die zunächst in der Hand lokaler Herrscher liegen, monopolisiert, zentralisiert und verstaatlicht. Herrschaft bedeutet dabei im Alltag vor allem Verwaltung („Polizey").

2 Wiedergeburt antiker Staatskunst

Um der Genese dieses Staates nachzugehen, müssen wir uns zunächst in eine Zeit zurückversetzen, die fast ein halbes Jahrtausend zurückliegt. Es ist die Renaissance, jene bunt schillernde große Zeit eines Leonardo da Vinci (1452–1519) oder eines Michelangelo (1475–1564), um nur einige wenige Namen zu nennen. Es ist aber auch eine Zeit des Umbruchs, des „Zerbrechens der Zeit", wie der deutsche Soziologe René König (1906–1992) es im Schweizer Exil genannt hat (1941). Überkommenes Denken wird beiseitegeschoben; unter Rückgriff auf die Vorbilder der Antike tritt jetzt ein neues Denken zutage, das mehr ist, als eine bloße Modeerscheinung. Es ist vielmehr eine wahre Wiedergeburt. Mit Beginn der Neuzeit schwindet die Bedeutung des christlichen Menschenbildes in der Staatsphilosophie. An seine Stelle tritt in der Renaissance ein starkes Interesse an den Handlungsmotiven, Leidenschaften, Tugenden, aber auch an den Lastern der Menschen. Es ist die Stunde des anthropologischen Realismus. Willensstarke Persönlichkeiten, sog. Renaissance-Menschen wie Cesare Borgia (1475/76-1507), beherrschen das Geschehen.

Zwar klingt die Einschätzung der Renaissance durch Friedrich Nietzsche (1844–1900) in unseren Ohren ein wenig zu euphorisch:

> Befreiung des Gedankens, Missachtung der Autoritäten, Sieg der Bildung über den Dünkel der Abkunft, Begeisterung für die Wissenschaft und die wissenschaftliche Vergangenheit der Menschen, Entfesselung des Individuums, eine Glut der Wahrhaftigkeit und Abneigung gegen Schein und bloßen Effekt (Nietzsche 1956).

Den inneren Kern dieses neuen Zeitalters trifft Nietzsche damit aber durchaus. Die „Begleiterscheinungen" dieser Zeit – Intrigen, Betrug, Landraub bis hin zu Mord und Totschlag – schrecken den radikalen Philosophen ohnehin nicht.

R. Voigt, *Der moderne Staat,* essentials, DOI 10.1007/978-3-658-10028-5_2

3 Machiavellis Machtstaat

Nietzsche fühlt sich geradezu als „Seelenverwandter" des Florentiner Staatsdenkers Niccoló Machiavelli (1469–1527), dessen Name zum Inbegriff des rücksichtslosen Machtgebrauchs durch die Herrschenden geworden ist. Florenz ist zu dieser Zeit nicht nur der „erste moderne Staat der Welt", wie der Schweizer Kulturhistoriker Jacob Burckhardt (1818–1897) festgestellt hat, sondern Machiavelli ist auch der erste Protagonist des modernen Staates (vgl. Reinhardt et al. 2015). Für Machiavelli ist die Renaissance in erster Linie eine Wiedergeburt der antiken Staatskunst. Er ist der Erste, der zu Beginn der Neuzeit eine Kunstlehre des Erwerbs und der Erhaltung der Macht entwickelt hat, die man später Machiavellismus genannt hat. Machiavelli kann durchaus als Wegbereiter des modernen Territorialstaates gelten. In seinem Buch „Machtstaat und Utopie" schreibt Gerhard Ritter (1888–1967) dazu:

> Indem er so den Machtkampf in den Mittelpunkt alles politischen Geschehens rückte und den Krieg als die Stunde der Bewährung echter virtù feierte, schuf er den Prototyp moderner Staatslehre: eine politische Theorie, die den Bedürfnissen der neu heraufkommenden großen nationalen Machtstaaten des europäischen Festlandes aufs Beste entsprach. (Ritter 1943)

Auch heute noch trifft der Vorwurf, ein Machiavellist zu sein, einen Politiker bis ins Mark. Selten hat ein Staatsdenker die Gemüter so erhitzt und die Meinungen so polarisiert wie Machiavelli. Offenbar hat er bereits im 16. Jahrhundert den Finger in eine Wunde gelegt, die immer noch nicht verheilt ist. Der französische Philosoph und Soziologe Raymond Aron (1905–1983) bringt Machiavellis bleibende Leistung aus sozialpsychologischer Perspektive auf den Punkt:

R. Voigt, *Der moderne Staat,* essentials, DOI 10.1007/978-3-658-10028-5_3

> Im Machiavellismus offenbart sich das Bemühen, die Heucheleien der gesellschaftlichen Komödie schonungslos aufzudecken. Er legt die Gefühle bloß, die die Menschen tatsächlich bewegen, erfasst die echten Konflikte, die das Gefüge des geschichtlichen Werdens bilden, und zeichnet ein ungeschminktes Bild von dem wirklichen Zustand der Gesellschaft. (Aron 1989)

Machiavelli ist der grundlegende Theoretiker der Verselbständigung des Politischen zum Staat. An die Stelle der mittelalterlichen Wertrationalität setzt er die neuzeitliche Zweckrationalität. Die politischen Erfahrungen, die er über viele Jahre als hoher Staatsbeamter der Republik Florenz gesammelt hat, hat er in so bedeutenden Werken wie „Der Fürst“ (Il Principe), „Discorsi“ (Gedanken über Politik und Staatsführung) und „Die Kunst des Krieges“ (Arte della Guerra“) niedergelegt. Zur Erhaltung der Existenz und Sicherheit seiner Heimatstadt und seines Vaterlandes ist ihm jedes Mittel Recht.

> Wo es sich um Sein oder Nichtsein des Vaterlandes handelt, darf nicht in Betracht kommen, ob etwas gerecht oder ungerecht, menschlich oder grausam, löblich oder schändlich, man muss vielmehr mit Hintansetzung jeder Rücksicht die Maßregeln ergreifen, die ihm das Leben retten und die Freiheit erhalten. (Machiavelli 2010, S. 384)

Machiavelli ist freilich ein Mann des 16. Jahrhunderts. Die Frage liegt also nahe: Was haben das 16. und – bleiben wir zunächst dabei stehen – das 20. Jahrhundert miteinander zu tun? Folgt man dem französischen Wirtschaftshistoriker Henri Hauser (1866–1948), dann war die Modernität des 16. Jahrhunderts die „préfiguration“, also die Vorwegnahme des 20. Jahrhunderts (1930). Tatsächlich finden sich die Anfänge des Handelskapitalismus (kaufmännisches Rechnen, Kreditbriefe etc.) in den oberitalienischen Stadtrepubliken, zu denen auch das Florenz Machiavellis gehört. Der amerikanische Wirtschaftshistoriker Immanuel Wallerstein (geb. 1930) analysiert in seinem dreibändigen Werk „Das moderne Weltsystem“ (2012) sehr gründlich die Entstehung der kapitalistischen Weltwirtschaft. Nicht zufällig lautet der Untertitel des Ersten Bandes: „Die Anfänge kapitalistischer Landwirtschaft und die europäische Weltökonomie im 16. Jahrhundert“. Hier – nämlich im 16. Jahrhundert – beginnt also der Kapitalismus; und Kapitalismus ist – wie der französische Philosoph und Literaturtheoretiker Jean-François Lyotard (1924–1998) sagt – einer der Namen der Moderne.

Bodins Souveränität

4

Einen weiteren unverzichtbaren Baustein zu der „Architektur" des modernen States liefert der französische Parlamentsjurist Jean Bodin (1529–1596). Bodin, selbst Hugenotte, kann sich nur durch einen Sprung aus dem Fenster retten, als auf Befehl von Caterina de' Medici (1519–1589) in der sog. Bartholomäusnacht 1572 tausende Hugenotten ermordet werden. Bodin ist zwar nicht der Erfinder, wohl aber der Verkünder der Souveränität. Die theoretischen Grundlagen für das Souveränitätsdenken legt er vier Jahre nach dem Massaker in seinen „Sechs Büchern vom Staat" (1576) nieder:

> Unter der Souveränität ist die dem Staat eigene, absolute und zeitlich unbegrenzte Gewalt zu verstehen [...] (1981, S. 205).

Unter Souveränität versteht er die *summa potestas*, die allumfassende Macht des Staates über seine Untertanen. Vor dem Hintergrund des Religionskonflikts in Frankreich hat Bodin die Souveränität dem Monarchen zugeschrieben, um dessen Position im Bürgerkrieg zu stärken. Der Monarch garantiert zugleich die Existenz und den Bestand des Staates. Seine wichtigste Aufgabe ist die Herstellung und Aufrechterhaltung des inneren Friedens, die Abwehr von Angriffen anderer Staaten sowie die Symbolisierung der staatlichen Einheit. Bei Bodin unterliegt die Souveränität allerdings naturrechtlichen und moralischen Bindungen (*lois divines et naturelles*). Souveränität, d. h. das ausschließliche Recht zur Letztentscheidung, ist danach unverzichtbare Voraussetzung des Staates. Der neuzeitliche Staat ist ohne diese grundlegende Kategorie nicht denkbar (Salzborn und Voigt 2010).

Aus dem sakral geweihten Träger einer Krone wird bei Bodin ein souveränes Staatsoberhaupt. Bodin selbst formuliert aber bereits eindeutig dessen Begrenzungen: Der souveräne Fürst ist nicht befugt, „die Grenzen der Naturgesetze und des Gesetzes Gottes [...] zu überschreiten [...]" (Bodin 1981, S. 235).Verletzt der

R. Voigt, *Der moderne Staat,* essentials, DOI 10.1007/978-3-658-10028-5_4

Souverän diese Grundsätze, dürfen die Untertanen ihm den Gehorsam verweigern. Freilich dauert es noch einmal fast ein Dreivierteljahrhundert, bis sich die Souveränitätsidee in Europa allgemein durchsetzt. Und dazu bedarf es – wie so oft – zunächst einer kriegerischen Katastrophe, die große Teile Europas verwüstet und seine Bevölkerung radikal dezimiert. Es ist der Dreißigjährige Krieg (1618–1648), an dessen Ende die sog. „Westfälische Ordnung“ steht. Im Westfälischen Frieden von 1648 wird allen als „souverän“ anerkannten Staaten in Europa die Souveränität zugestanden. Das schließt auch das Recht des Souveräns ein, Krieg zu führen („Jus ad bellum“).

5 Hobbes' Leviathan

Zu der Zeit von Thomas Hobbes (1588–1679) herrscht in England eine teils offen ausgetragene, teils unterschwellige Krise. Fortgesetzte soziale und politische Auseinandersetzungen, die entlang der religiös-konfessionellen Trennungslinien verlaufen, erschüttern das Land. Der seit langem schwelende Konflikt zwischen Krone und Parlament findet seinen Höhepunkt im Bürgerkrieg zwischen 1642 und 1649. Hobbes erlebt die Wirren ungesicherter politischer Verhältnisse schmerzlich am eigenen Leibe. Aus Furcht vor den Nachstellungen der Parlamentspartei flieht er nach Frankreich, wo er auch den *Leviathan* schreibt. Kein Wunder also, dass Hobbes' gesamtes politisches Denken von der Situation des Bürgerkriegs geprägt ist, die für ihn zum Schlüsselerlebnis wird. Dabei klammert Hobbes bewusst die kritische Frage der Glaubens- und Gewissensfreiheit aus, indem er diese einem autonomen Bereich der Innerlichkeit zuweist. Er entkoppelt also die konfessionell neutrale politische Bürgerrolle von der subjektiven Dimension der Überzeugungen, Glaubensbekenntnisse und Weltanschauungen des Einzelnen, um den Glaubenskrieg zu verhindern. Gleichzeitig gesteht er dem Staat das Recht zu festzulegen, welchem äußerlichen Ritus jeder Untertan zu folgen hat. So gesehen ist der Staat bei Hobbes, der dem Denken des Absolutismus verpflichtet bleibt, ein Macht- und Sicherheitsstaat.

Um den Kampf Aller gegen Alle zu beenden, schließen die Menschen einen Vertrag, der die Gesellschaft befrieden soll:

> Hierin liegt das Wesen des Staates, der […] eine Person ist, bei der sich jeder Einzelne einer großen Menge durch gegenseitigen Vertrag eines jeden mit jedem zum Autor ihrer Handlungen gemacht hat, zu dem Zweck, dass sie die Stärke und Hilfsmittel aller so, wie sie es für zweckmäßig hält, für den Frieden und die gemeinsame Verteidigung einsetzt. Wer diese Person verkörpert, wird souverän genannt und besitzt, wie man sagt, höchste Gewalt und jeder andere daneben ist sein Untertan. (Hobbes 1984, S. 135)

R. Voigt, *Der moderne Staat,* essentials, DOI 10.1007/978-3-658-10028-5_5

Freilich wird dieser Vertrag nicht wirklich abgeschlossen, sondern ist eine bloße Fiktion. Genauer: Er ist eine legitimationstheoretische Konstruktion, mit der das Gewaltmonopol des Staates begründet werden soll. Im Stadium der Staatsbildung tritt die Einsicht, dass es aus Gründen der Sicherheit für Alle notwendig sei, zugunsten einer souveränen staatlichen Gewalt auf politische Eigenrechte zu verzichten. Die Staatsbürger sehen die Handlungen des Souveräns als ihre eigenen an. Die Omnipotenz des Staates ist allerdings nicht voraussetzungslos, sie ist vielmehr an die allgemeine Wohlfahrt, an Ruhe, Sicherheit und Schutz im Innern wie nach außen rückgebunden. Der Schutzpflicht des Staates korrespondiert die Gehorsamspflicht der Bürger. Der Staat ist bei Hobbes gleichermaßen Maschine, Mensch und Übermensch. Er ist

> die Maschine der Maschinen, die machina machinarum, ein aus Menschen zusammengesetzter Übermensch, der durch menschlichen Konsens zustande kommt und doch in dem Augenblick, in dem er da ist, jeden menschlichen Konsens übersteigt. (Schmitt 1982, S. 103)

Hobbes' *Leviathan* (1651) steht in einer Traditionslinie mit Machiavellis *Principe*. Bei Hobbes wird aus dem souveränen Monarchen allerdings der „sterbliche Gott", dem fortan einander „gleiche" Untertanen, die zu Gunsten des Monarchen auf ihre gesamte Macht verzichtet haben, gegenüberstehen. Hobbes führt als Erster die Trennung zwischen dem Staat als einer abstrakten Einheit („künstliche Person") und der Person des Herrschers ein. Das spezifisch Moderne an seiner Staatstheorie ist das gegenseitige Bedingungsverhältnis von Staat und Gesellschaft. Die Legitimationsgrundlage für den Staat ist nicht mehr göttlicher Wille, sondern der Wille der Bürger als Gesamtheit.

Nur wenigen Klassikern der Staatsphilosophie ist es wie Hobbes gelungen, dank seiner Originalität, Radikalität und Konsequenz Ideen und Prinzipien zu entwickeln, die bis heute die Diskussion und den normativen Gehalt von Staatlichkeit bestimmen. Mit Hobbes löst sich die Neuzeit radikal von der Gleichsetzung des Natürlichen und des Politischen, die für Platon noch selbstverständlich war. Dazu gehört etwa die wichtige Erkenntnis, dass der Mensch, um auf Dauer überhaupt unter seinesgleichen existieren zu können, den Staat als institutionalisierte politische Ordnung braucht. Hauptaufgabe des Staates ist – nach Hobbes – der Schutz seiner Bürger. Dabei handelt es sich drei Schutzgüter unterschiedlichen Ranges:

(1) Schutzgut 1. Ordnung ist der Schutz des Lebens
(2) Schutzgut 2. Ordnung ist der Schutz der menschlichen Würde
(3) Schutzgut 3. Ordnung ist der Schutz der Freiheit des Individuums.

Lockes liberaler Staat

6

John Locke (1632–1704) symbolisiert den Geist seiner Zeit, den intellektuellen und programmatischen Aufbruch der europäischen Welt. Er hat das Glück, in wohlhabenden Verhältnissen aufzuwachsen und nicht – wie Hobbes – in ständiger Angst vor dem Bürgerkrieg leben zu müssen. Wegen seiner radikalen Ansichten muss er aber schließlich doch seine Heimat verlassen. Als einer der Vordenker der Aufklärung beschreibt er den Naturzustand ganz anders als Hobbes:

> Hier ‚herrscht ein natürliches Gesetz, das für alle verbindlich ist', niemand soll einem Anderen ‚an seinem Leben, seiner Gesundheit, seiner Freiheit oder seinem Besitz Schaden zufügen.' (Locke 1977, S. 6 f.)

Der Naturzustand ist ein friedlicher Zustand, in dem jeder sein eigener Richter und Vollstrecker ist. Es existiert kein Staat, keine Gesetzgebung von Menschenhand. Allerdings ist dieser Idealzustand angesichts der menschlichen Triebnatur so nicht auf Dauer aufrecht zu erhalten. Die Menschen streben – verständlicherweise – nach Lust, Glück und Besitz, so dass das Eigentum der Bürger höchst unsicher ist, wenn es keine Gewalt gibt, die das allgemeine Gesetz vollstreckt. Lockes Rezept gegen diese Unsicherheit besteht darin, dass sich eine Anzahl von Menschen verbindlich darauf verständigt,

„dass jeder seines Rechtes, das Naturgesetz zu vollstrecken, entsagt", um „einen einzigen politischen Körper unter einer einzigen höchsten Regierung zu bilden".

Die Ermächtigung des Einzelnen an die Gesellschaft (*civil society*), ihm Gesetze zu geben, „versetzt die Menschen aus dem Naturzustand in ein Staatswesen". Die Legislative ist die souveräne Gewalt, die „Seele, die dem Staatswesen Form, Leben und Einheit verleiht" (Locke 1977, S. 161). Nur sie besitzt das Recht, „zu bestimmen, wie die Macht des Staates zur Erhaltung der Gemeinschaft und ihrer Glieder gebraucht werden soll" (Locke 1977, S. 111). Eine absolute Herrschaft

R. Voigt, *Der moderne Staat,* essentials, DOI 10.1007/978-3-658-10028-5_6

lehnt Locke hingegen strikt ab. Mit dem Gesellschaftsvertrag will Locke vor allem Freiheit und Eigentum als unveräußerliche Grundrechte der Individuen schützen. Dabei knüpft er an die traditionelle Naturrechtslehre an, nach welcher der Mensch ethisch-moralischen Bindungen auch beim Gebrauch der Vernunft unterliegt. Lockes Staat ist die Institutionalisierung des natürlichen Rechts auf Durchsetzung angeborener Freiheits-, Gleichheits- und Eigentumsrechte (vgl. Salzborn 2010). Dazu gehört auch die Trennung von weltlicher und geistlicher Macht. Neu ist an seiner Vertragskonstruktion vor allem, dass zunächst der Gesellschaftsvertrag und anschließend ein Staatsvertrag geschlossen werden.

Den Absolutismus von Hobbes und vor allem die diesem zugrunde liegenden Annahmen hat Locke heftig kritisiert:

> Als ob die Menschen, als sie den Naturzustand verließen und sich zu einer Gesellschaft vereinigten, übereingekommen wären, dass alle, mit Ausnahme eines Einzigen, unter dem Zwang von Gesetzen stehen, dieser eine aber alle Freiheit des Naturzustandes behalten sollte, die sogar noch durch Gewalt vermehrt und durch Straflosigkeit zügellos gemacht wurde! (Locke 1977, S. 258).

Der Lockesche Bürger ist also in gewisser Weise „moderner“ und „cleverer“ als der Hobbessche Bürger, denn er verlangt nicht nur Sicherheit, sondern darüber hinaus auch Rechtsverwirklichung (Kersting 2000, S. 402 ff.). Zudem hat er die Fähigkeit zum Selbstdenken und Selbsturteilen. Freilich existieren – nach Locke – keine angeborenen Ideen und Prinzipien, auf die sich der Mensch unhinterfragt verlassen könnte. Immerhin steht ihm ein eingeschränktes Widerstandsrecht für den Fall zu, dass der Souverän seine Vertragspflichten, nämlich Leben, Freiheit und Eigentum der Bürger zu schützen, nicht erfüllt.

Locke, der selbst öffentliche Ämter bekleidet hat, gehört der britischen Elite an. Er ist nicht unmaßgeblich daran beteiligt, die „Whigs“ als Gegengewicht zu den „Torries“ zu begründen. Deren Vorstellung von einem göttlichen Herrscherrecht der Könige bekämpft Locke nicht nur politisch, sondern auch mit Hilfe seiner *Abhandlungen über die Regierung*. Sein Gewaltenteilungsprinzip, das später von Montesquieu weiter entwickelt worden ist, sieht eine Aufteilung der Staatsgewalt in Legislative und Exekutive vor. Die gesetzgebende Gewalt nehmen Repräsentanten des Bürgertums wahr, die ausführende Gewalt liegt in den Händen der Krone. Zugleich führt Locke das Mehrheitsprinzip ein, wobei er den Beschluss der Mehrheit mit der Übereinkunft Aller gleichsetzt. Der Staatskörper kann sich notwendigerweise nur in eine Richtung bewegen (vgl. Skinner 2012), dorthin nämlich, „wohin die größere Kraft treibt – und das ist die Übereinkunft der Mehrheit“. Der Widerstand gegen seine radikale Lehre formiert sich und zwingt Locke schließlich – wie Hobbes – aus England zu fliehen, er findet in Holland Zuflucht. Seine politischen Schlussfolgerungen sind in der Tat revolutionär: Politische Macht beruht auf Verträgen, auf der Zustimmung der Mehrheit der Bürger; Gesetze, nicht Personen sollen herrschen. Nicht zu Unrecht gilt Locke heute als „Kronzeuge der bürgerlichen Freiheitsbewegung“ und als „erster Prophet der liberalen Demokratie“. Sein Einfluss auf die Verfassung der Vereinigten Staaten von Amerika ist unübersehbar.

Montesquieus wechselseitige Machtkontrolle

7

Charles-Louis de Secondat, Baron de La Brède et de Montesquieu (1689–1755) ist ein französischer Philosoph (1986), der als „Vater der Gewaltenteilung gilt". Sein Buch „Vom Geist der Gesetze" ist – nach Locke – der zweite Versuch, Bodins und Hobbes' auf Macht zentriertes Staatsverständnis unter liberalen Vorzeichen zu modifizieren. Legislative und Exekutive ergänzt Montesquieu um die Judikative. Vor allem seine Idee der wechselseitigen Machtkontrolle erzielt Wirkung bis hin zur amerikanischen Verfassung. Zwar ist auch für ihn die Souveränität unverzichtbares Merkmal der Staatlichkeit, Hobbes' Herrschaftsmodell lehnt er aber ab:

> Es ist nicht vernünftig, wenn Hobbes den Menschen von Anfang an die Begierde nach Unterjochung beilegt (1986, S. 101).

Einen Gesellschaftsvertrag sieht Montesquieu freilich nicht vor. Es gibt aber gesetzmäßige Vereinigungen von Menschen (*gouvernements*), in denen die Menschen sich zusammengeschlossen haben und in denen politische Freiheit herrscht. Dabei unterscheidet er drei gesetzmäßige Vereinigungen: In der Monarchie liegt die gesetzmäßige Macht in den Händen eines Einzelnen, ihr Prinzip ist die Ehre; Prinzip der aristokratischen Republik ist die Mäßigung. Und – an Cicero und Machiavelli anknüpfend – wird der demokratischen Republik das Prinzip der Tugend zugeordnet. Gesetze verbinden die getrennten Sphären miteinander, die religiöse Sphäre mit der weltlichen und die Menschen untereinander. Das Alles dient einem Zweck, nämlich der Verbindung von Freiheit und Sicherheit:

> Die politische Freiheit des Bürgers ist jene Ruhe des Gemüts, die aus dem Vertrauen erwächst, das ein jeder zu seiner Sicherheit hat. Damit man diese Freiheit hat, muss die Regierung so eingerichtet sein, dass ein Bürger den anderen nicht zu fürchten braucht. (Montesquieu 1986, S. 215)

R. Voigt, *Der moderne Staat,* essentials, DOI 10.1007/978-3-658-10028-5_7

Gemeinhin wird Montesquieu so verstanden, als habe ihn in erster Linie das Misstrauen gegenüber der Allmacht des Staates inspiriert. Das Schlüsselwort der politischen Philosophie Montesquieus ist in der Tat Macht. Vor allem der absoluten Macht steht Montesquieu äußerst kritisch gegenüber. Der Besitz von Macht erzeugt das Bedürfnis nach immer mehr Macht. Mit dieser Machtgier korrespondiert eine Tendenz zum Machtmissbrauch. Der Macht müssen also durch das Recht Fesseln angelegt werden, um so die Legitimität der staatlichen Strukturen zu gewährleisten und die Freiheit zu sichern. Ohne Recht führt Macht hingegen zu einer despotischen Gewaltherrschaft. Montesquieu kritisiert also nicht politische Macht schlechthin, sondern lediglich die Auswüchse der Macht. Diese Macht sieht er aber nicht in der herkömmlichen Weise, von oben nach unten bzw. vom Zentrum zur Peripherie wirken, sondern sie ist beweglich und an verschiedenen Orten der Gesellschaft situiert.

> Die Macht hat keine Ursache, sie liegt in der Organisation einer politischen Gesellschaft selbst begründet, in ihren Sitten, in der Gültigkeit ihrer Gesetze, in ihren Institutionen, in ihrer Verfassung.

Nicht gegenüber der Gesellschaft als Ganzes ist Montesquieu misstrauisch, umso mehr aber gegenüber ihren einzelnen Mitgliedern: „Einzeln genommen sind die Menschen zwar Spitzbuben, als Menge aber recht ehrbare Leute“. „Menge“ versteht er dabei noch nicht im modernen Sinne als negativ konnotierte „Masse“, sondern er hat dabei das – als positiv angesehene – verfasste und organisierte Volk im Blick (Montesquieu 1986, S. 5). Montesquieu selbst spricht nicht von einer Teilung (*séparation*) der Gewalten, sondern von Verteilung (*distribution*).

Unter Rückgriff auf Locke entwickelt Montesquieu bereits 1748 das Konzept der Machtverteilung, in dem sich die zwar unterschiedenen, aber doch aufeinander bezogenen Mächte wechselseitig „mäßigen“ sollen. Ein zweites Modell soll der Vermittlung zwischen souveräner Macht und Volk dienen: die Zwischengewalten (*pouvoirs intermédiaires*), „Vermittlungskanäle, durch welche die Macht fließt“ (Montesquieu 1986, S. 114 ff.). Diese Mittlerfunktion sollen Adel, Gutsherren, Klerus und Städte wahrnehmen. Der Religion weist Montesquieu eine sozialisierende Funktion zu, die geeignet sei, aus den Menschen gute Staatsbürger zu machen. Und schließlich entwirft er auf der Basis der Mischverfassungsidee das Bild einer konstitutionellen Monarchie. Montesquieus Ziel ist ein durch ein kluges konstitutionelles Arrangement charakterisiertes „maßvolles“ Regime, in dem er die Freiheit des Einzelnen am besten gewährleistet sieht. Worin besteht nun diese Freiheit?

> In einem Staat, das heißt in einer mit Gesetzen ausgestatteten Gesellschaft, kann Freiheit lediglich bedeuten, dass man zu tun vermag, was man wollen soll, und nicht zu tun gezwungen ist, was man nicht wollen soll. (Montesquieu 1986, S. 3)

Montesquieu versteht unter Freiheit also letztlich dasselbe wie unter Gesetzlichkeit. Die auf Montesquieu zurückzuführende Staatsphilosophie ist Teil einer Denkbewegung, die von der „Wiedererweckung des republikanischen Gedankens in der Renaissance ihren Ausgang nimmt und bis zu den Gründungsvätern der Vereinigten Staaten von Amerika gewirkt hat“ und der auch Montesquieus größter Schüler Alexis de Tocqueville (1805–1859) angehört (vgl. Herb und Hidalgo 2004).

Rousseaus Gesellschaftsvertrag

8

Ein Jahrhundert nach Hobbes legt der Genfer Philosoph und Schriftsteller Jean-Jacques Rousseau (1712–1778) sein Hauptwerk „Du Contrat Social“ vor (1978), das gleich nach seinem Erscheinen in Amsterdam im Jahre 1762 in Frankreich, den Niederlanden, in Genf und Bern verboten wird. Rousseau gilt als Ahnherr der direkten Demokratie, der mit seinen Ideen von Naturzustand, Souveränität, Gesellschaftsvertrag und Gemeinwille für Furore gesorgt hat. Auf einer ähnlichen Grundlage wie Hobbes will Rousseau mit dem Gesellschaftsvertrag eine absolute Gemeinschaft begründen, sein Staat (*corps politique*) soll aber gerade nicht absolut oder gar absolutistisch sein. Der Leitgedanke ist vielmehr, dass der Vertrag keinen Verzicht auf Freiheit, sondern im Gegenteil deren Garantie enthalten müsse. Der Einzelne ist Souverän und Untertan zugleich, er gehorcht nur sich selbst (vgl. Kersting 2003). Die Frage ist allerdings, wie das bewerkstelligt werden soll, was jeder politischen Erfahrung widerspricht. Für Rousseau ist Herrschaft nur in der Form der direkten Demokratie vorstellbar, in der die Bürger über sich selbst herrschen. Die Vertragschließenden konstituieren sich danach als Allgemeinheit und setzen sich selbst als Souverän ein. So entsteht aus den Individuen ein „Staatskörper“:

> Jeder von uns unterstellt gemeinschaftlich seine Person und seine ganze Kraft der obersten Leitung des Gemeinwillens, und wir nehmen als Körper jedes Glied als untrennbaren Teil des Ganzen auf. (Rousseau 1978, S. 7)

Aber was versteht Rousseau unter dem Staat? In der Antwort auf diese Frage werden erstaunliche Parallelen zu Hobbes' „Leviathan“ sichtbar. Auch Rousseaus Staat ist ein Lebewesen, das eine umfassende Persönlichkeit (*moi commun*) besitzt:

R. Voigt, *Der moderne Staat,* essentials, DOI 10.1007/978-3-658-10028-5_8

> Der Staat kann, individuell gefasst, als ein organisierter, lebender Körper betrachtet werden, der dem des Menschen ähnelt. Die souveräne Macht stellt den Kopf dar; die Gesetze und die Gebräuche sind das Hirn, der Ursprung der Nerven und der Sitz der Erkenntniskraft, des Willens und der Sinne; Richter und Staatsbeamte sind seine Organe; der Handel, die Gewerbe und die Landwirtschaft sind der Mund und der Magen, die für den gemeinsamen Lebensunterhalt sorgen; die öffentlichen Finanzen sind das Blut, das eine weise Ökonomie, indem sie die Funktionen des Herzens wahrnimmt, durch den ganzen Körper sendet, um Nahrung und Lebenskraft zu verteilen; die Staatsbürger sind der Körper und die Glieder, die die Maschine in Bewegung setzen und am Leben erhalten und arbeiten lassen und die man an keiner Stelle verletzten könnte, ohne dass die schmerzhafte Empfindung sogleich zum Gehirn gelangte, wenn das Tier sich im Zustand der Gesundheit befindet. (Rousseau 1998, S. 165 ff.)

Der Gemeinwille (*volonté générale*) ist die Quelle der Gesetze und die Richtschnur für Recht und Unrecht, sein Zweck ist die Verwirklichung des Gemeinwohls. Zwar sieht Rousseau auch Legislative und Exekutive vor, erkennt diesen aber nur sehr eingeschränkte Befugnisse zu.

> Jedes Gesetz, das das Volk nicht beschlossen hat, ist nichtig; es ist überhaupt kein Gesetz. (Rousseau 1978, S. 404).

Die Legislative existiert nicht in Form einer repräsentativen Demokratie, sondern das Volk („peuple“) bringt seinen Gemeinwillen auf direktem Wege in Referenden zum Ausdruck, wie dies heute noch charakteristisch für die Schweizer Demokratie ist. Die Abgeordneten sind lediglich Beauftragte, die nicht endgültig beschließen können. Denn das Volk ist ausschließlicher Träger der Souveränität, die nicht veräußerbar, nicht teilbar und nicht übertragbar ist.

Diese Erkenntnis verstärkt der französische Priester und Staatsmann Emmanuel de Sieyès (1748–1836), der wichtigste Theoretiker der Französischen Revolution, in seinem Pamphlet „Was ist der Dritte Stand?“ (1789). Er stellt klar, dass nur die Regierung, nicht aber das Volk an die Verfassung gebunden sei (Sieyès 1988, S. 167).

Der deutsche Staatsrechtler Carl Schmitt hat diesen Gedanken aufgenommen und weiter ausgeführt. Die verfassunggebende Gewalt „kann nicht übertragen, nicht veräußert, nicht absorbiert oder konsumiert werden. Sie bleibt als Möglichkeit immer vorhanden und steht neben und über jeder aus ihr abgeleiteten Verfassung […]“ (Schmitt 1928, S. 91).

9 Kants Vernunftstaat

Immanuel Kant (1724–1804) gehört zu den bedeutendsten Vertretern der abendländischen Philosophie. Vor allem sein Werk „Kritik der reinen Vernunft“ (1781) gilt als Beginn der modernen Philosophie (1986). Die Staatsauffassung des Königsberger Philosophen ist von der Aufklärung geprägt, die er als den „Ausgang des Menschen aus seiner selbst verschuldeten Unmündigkeit“ definiert. Freiheit und Moral bedingen einander. Für Kant ist der Staat kein Instrument des menschlichen Interesses, das technisch notwendig ist, um übergreifende wichtige Ziele zu verwirklichen, welche die Menschen allein und auf sich gestellt nicht erreichen könnten. Der Staat ist vielmehr eine „kategorische Forderung des Rechtsgesetzes der reinen praktischen Vernunft“ (Kersting 2000, S. 405). Der Vertrag nimmt für Kant den Charakter eines „normativen herrschaftsbegrenzenden Vernunftprinzips“ gewissermaßen als „staatsrechtliches Gegenstück“ zum kategorischen Imperativ an. („Handle nur nach derjenigen Maxime, durch die du zugleich wollen kannst, dass sie ein allgemeines Gesetz werde“). Damit entmythologisiert Kant zugleich die Vertragstheorie (vgl. Ottmann 2009). Jeder konkrete Staat ist gehalten, seine Herrschaft so zu organisieren, „als ob sie dem gemeinschaftlichen Willen einer vertraglich entstandenen Vereinigung entstammen würde“. Nach Kant ist ein Staat

> die Vereinigung einer Menge von Menschen unter Rechtsgesetzen. Sofern diese als Gesetze a priori notwendig, d. i. aus Begriffen des äußeren Rechts überhaupt von selbst folgend sind, ist seine Form die Form eines Staats überhaupt, d. i. der Staat in der Idee, wie er nach seinen Rechtsprinzipien sein soll, welcher jeder wirklichen Vereinigung zu einem gemeinen Wesen (also im Innern) zur Richtschnur dient. (Kant 1945, S. 135)

„Die gesetzgebende Gewalt kann nur dem vereinigten Willen des Volkes zukommen“. Um auszuschließen, dass einem Menschen durch das Gesetz Unrecht getan wird, muss sichergestellt sein, dass der Mensch über sich selbst beschließt.

R. Voigt, *Der moderne Staat,* essentials, DOI 10.1007/978-3-658-10028-5_9

> Also kann nur der übereinstimmende und vereinigte Wille aller, sofern ein jeder über alle und alle über einen jeden eben dasselbe beschließen, mithin nur der allgemein vereinigte Volkswille gesetzgebend sein. (Kant 1945, S. 136)

Allerdings handelt es sich bei diesem von Kant unterstellten „vereinigten Volkswillen“ um einen hypothetischen Konsens der Bürger. Jeder Herrscher darf seine Macht nur so ausüben, als ob sie einer vertraglichen Vereinbarung entstammen würde. Kant macht bei der Formulierung seiner Staatsauffassung Anleihen bei Hobbes und Rousseau. Hobbes' Nützlichkeitserwägungen ersetzt Kant aber durch den kategorischen Imperativ der Vernunft. Der amerikanische Philosoph John Rawls (1921–2002) hat mit seinem Hauptwerk „Eine Theorie der Gerechtigkeit“ (1971) Kants Gedanken weiterentwickelt und für die heutige Diskussion fruchtbar gemacht. Rawls Theorie basiert auf Grundsätzen, die vernünftige Menschen „in diesem Zustand der Gleichheit aufstellen würden, um die Grundbedingungen ihrer Freiheit festzulegen“ (1979).

10 Hegels Idealstaat

Während Kant die formalen Prozeduren von Rechtsstaat und politischer Demokratie in den Vordergrund rückt, geht es bei Georg Wilhelm Friedrich Hegel (1770-1831) vor allem um die einheitsstiftenden Kräfte. Das Verhältnis des Einzelnen zum Staat ist von einer besonderen Gesinnung erfüllt, dem Patriotismus. Dieser wirkt im inneren Staatsleben als belebendes Element für die vernünftige Verfassung; bei der Betätigung des Staates nach außen ist hingegen die Weltgeschichte das Weltgericht. Tatsächlich ist für Hegel der Staat die Wirklichkeit der sittlichen Idee. Grundsätzlich geht es also um die Idee und nicht unbedingt um einen real existierenden Staat. Hegels Idealstaat verwirklicht zugleich die menschliche Freiheit und das Prinzip der Vernunft (vgl. Pauly 2009). Aber wie erkennt man diese „Wirklichkeit"? Dieser Vorgang vollzieht sich bei Hegel in drei Stufen:

1. Im Recht werden alle Willensverhältnisse rein abstrakt geregelt; um die Beweggründe des Einzelnen geht es dabei noch nicht.
2. Bei der Moralität geht es um die innerliche Bestimmung von Gut und Böse.
3. Die Sittlichkeit verbindet die subjektive Innerlichkeit der Moral mit der äußerlichen Geltung des Rechts zur „substantiellen Idee der Freiheit".

Mit dem Staat ist die höchste Stufe der Sittlichkeit erreicht. Jeder Mensch braucht daher den Staat:

> Die vernünftige Bestimmung des Menschen ist, im Staate zu leben. […] Es ist falsch, wenn man sagt, es sei in der Willkür aller einen Staat zu gründen: es ist vielmehr für jeden absolut notwendig, dass er im Staate sei (Hegel 2004, S. 283).

Hegel wendet sich also dezidiert gegen den von Hobbes beschriebenen Naturzustand als Krieg Aller gegen Alle, der erst durch den allmächtigen Leviathan be-

R. Voigt, *Der moderne Staat,* essentials, DOI 10.1007/978-3-658-10028-5_10

endet werden kann. Vielmehr wird hier die gedankliche Verbindung zu Aristoteles sichtbar (vgl. Zehnpfennig 2014), der formuliert:

> Man sieht also, dass der Staat sowohl von Natur besteht, wie auch früher als der Einzelne. Denn wenn sich der Einzelne in seiner Isolierung nicht mehr genügt, so muss er sich zum Staate ebenso verhalten, wie andere Teile zu dem Ganzen, dem sie angehören. Wer aber nicht in Gemeinschaft leben kann, oder ihrer, weil er sich selbst genug ist, nicht bedarf, ist kein Glied des Staates und demnach entweder ein Tier oder ein Gott (Aristoteles 1998, I, 2).

Das in der Gesellschaft vereinzelte Individuum muss mit seinen Handlungen – nach Hegel – in die Sittlichkeit von Volk und Staat eingebettet werden. Hier spielt bei Hegel die Einheit des „Volksgeistes" als lebendige organische Einheit von Einzel- und Allgemeinwille eine wichtige Rolle.

> Die wahre Bedingung für die Weltgeschichte ist, dass Staaten sind. Das Werden dieser Staaten liegt vor der Weltgeschichte und fällt in eine Sagen- und Mythenzeit. Jenen früheren Zustand der noch nicht sich wissenden und setzenden Sittlichkeit haben die Völker als einen paradiesischen aufgefasst, weil das Allgemeine des Gedachten, die Objektivität des Gesetzes und die Wirklichkeit des Handelns und des Gemüts noch in unmittelbarer Einheit sind. Diese Einheit ist nun allerdings der Ausgangspunkt, und sie ist auch das Ziel (Hegel 2004, S, 283).

Hegel gelingt es erstmals, begrifflich-funktional zwischen „bürgerlicher Gesellschaft" einerseits und „Staat" andererseits zu unterscheiden. Die Kontroverse um die Existenz, die Bedeutung und die Wünschbarkeit der Unterscheidung von Staat und Gesellschaft spielt seither in der Staatsdiskussion eine wichtige Rolle. Für diese Diskussion sind vor allem die Arbeiten von Ernst-Wolfgang Böckenförde (geb. 1928) von zentraler Bedeutung, der als deutscher Staatsrechtslehrer und Verfassungsrichter großen Einfluss erlangt hat. Er hat stets dafür plädiert, die Unterscheidung zwischen Staat und Gesellschaft aufrechtzuerhalten, weil nur so die Freiheit gewahrt werden könne (Böckenförde 1976, S. 185 ff.).

Marx: Vater der Revolution? 11

Ohne den Einfluss Hegels ist das Werk von Karl Marx (1818–1883) nicht zu verstehen. In der Auseinandersetzung mit Hegels abstraktem Staatsbegriff spitzt Marx seine Thesen zu. Er sieht im Staat lediglich ein Herrschaftsinstrument der Bourgeoisie. Marx geht davon aus, dass

> Rechtsverhältnisse wie Staatsformen weder aus sich selbst heraus zu begreifen sind noch aus der sog. allgemeinen Entwicklung des menschlichen Geistes, sondern vielmehr in den materiellen Lebensverhältnissen wurzeln.

Gegen Hegel gewandt verkündet er, dass nicht die Theorie für das Denken („Bewusstsein") entscheidend ist, sondern vor allem die Praxis. Er kritisiert das zu seiner Zeit herrschende (früh-)kapitalistische Wirtschaftssystem als Gewaltverhältnis, mit dessen Hilfe die Arbeiter – im Interesse der Kapitalisten – ausgebeutet und unterdrückt werden (vgl. Hirsch et al. 2008). Es sei daher notwendig,

> alle Verhältnisse umzuwerfen, in denen der Mensch ein erniedrigtes, ein geknechtetes, ein verlassenes, ein verächtliches Wesen ist (Marx 1956, S. 385).

Friedrich Engels (1820–1895) hat den Zwangscharakter des Staates und seine politische Repressionsgewalt besonders im „Anti-Dühring" (1878) und in seiner Schrift „Ursprung der Familie, des Privateigentums und des Staates" (1884) herausgestellt (vgl. Salzborn 2012):

> Der Staat ist also keineswegs eine der Gesellschaft von außen aufgezwungene Macht […]. Er ist vielmehr ein Produkt der Gesellschaft auf bestimmter Entwicklungsstufe; er ist das Eingeständnis, dass diese Gesellschaft […] sich in unversöhnliche Gegensätze gespalten hat, die zu bannen, sie ohnmächtig ist (Engels 1973).

R. Voigt, *Der moderne Staat,* essentials, DOI 10.1007/978-3-658-10028-5_11

Die Aufforderung zur Revolution ist Marx und Engels später immer wieder von denen Einen zum Vorwurf gemacht, von Anderen ist sie als Handlungsanweisung für spätere Epochen angesehen worden. Marx' „Unglück" ist es, dass seine theoretischen Erkenntnisse in die politische Praxis rückständiger Gesellschaften, wie der russischen, übertragen worden sind. Der offizielle Marxismus eines Lenin oder Stalin hat durch einseitige Betonung und bewusste Umdeutung bestimmter, für die politische Praxis in der Sowjetunion „passender" Aspekte das Marxsche Werk mit einem ideologischen Ballast beschwert, der zunächst entfernt werden muss, um den bedeutenden Beitrag von Marx (und Engels) zur modernen Staatstheorie erkennen zu können. Gerade die Entwicklungen der jüngsten Zeit, die unter dem Stichwort „Globalisierung" diskutiert werden, zeigen, dass die Marxschen Erkenntnisse viel zum Verständnis des 21. Jahrhunderts beitragen können.

12 Jellineks Zwei-Seiten-Theorie

Bereits im Jahre 1900 hat Georg Jellinek (1851–1911) in seiner „Allgemeinen Staatslehre“, die zu Beginn des Jahrhunderts einen Kulminationspunkt der Staatslehre im deutschsprachigen Raum darstellt (1982), postuliert:

> Die wichtigste, auf menschlicher Willensorganisation beruhende soziale Erscheinung aber ist der Staat.

Jellinek sieht den Staat nicht in erster Linie als Rechtsinstitut, sondern als „soziales Gebilde“ und macht damit die Staatslehre zu einem Teilgebiet der in jener Zeit aufkommenden Sozialwissenschaften. Seine Zwei-Seiten-Theorie des Staates ist stilbildend geworden, von ihr zehrt die Staatsrechtslehre – trotz aller Kritik im Einzelnen – bis heute (vgl. Anter 2004). Während die soziale Staatslehre das „natürliche Sein“ des Staates zum Gegenstand hat, befasst sich die juristische Staatsrechtslehre mit den Rechtsnormen. Die großen Weimarer Staatsrechtslehrer knüpfen allerdings nur zum Teil an Jellineks Lehren an. Sie beziehen nicht nur wie Hermann Heller (1891–1933) – gewissermaßen „regelwidrig“ – die sozialwissenschaftliche Komponente in ihr Staatsrechtsdenken ein (vgl. Llanque 2010), sie greifen vielmehr auch auf den gesamten Fundus der theoretischen Philosophie der Neuzeit zurück. Das staatsphilosophische Nachdenken gewinnt dadurch eine „konzeptionelle Qualität und theoretische Konzentration wie später nie wieder“ (vgl. Gangl 2011). In ihren Staatslehren setzen sie sich eingehend und ausführlich mit methodischen und wissenschaftstheoretischen Fragen auseinander. Symptomatisch hierfür ist Jellinek selbst, der in seiner „Allgemeinen Staatslehre“ allein rund 130 Seiten diesen Fragen widmet. Diese Selbstverständigung über die philosophischen Grundlagen

R. Voigt, *Der moderne Staat,* essentials, DOI 10.1007/978-3-658-10028-5_12

erscheint den Staatsrechtslehrern dieser Zeit als ein „Gebot der Stunde", weil sie – übereinstimmend – davon ausgehen, dass die Staatslehre in eine Krise geraten ist und einer neuen Fundierung bedarf.

Jellinek benennt drei Merkmale von Staatlichkeit, die auch heute noch verwendet werden: Staatsgebiet, Staatsvolk und Staatsgewalt.

Max Webers bürokratische Legalität 13

Max Weber (1864–1920) hat zwar keine eigene geschlossene Staatstheorie vorgelegt, die vorhandenen Theorien aber wesentlich beeinflusst. Er bezeichnet den Staat als Anstaltsstaat:

> Staat soll ein politischer *Anstaltsbetrieb* heißen, wenn und soweit sein Verwaltungsstab erfolgreich das Monopol legitimen physischen Zwanges für die Durchführung der Ordnungen in Anspruch nimmt (1980, S. 29).

Weber spricht dem Staat also das Gewaltmonopol zu und hat damit großen Einfluss auf das europäische Staatsdenken. Mit seiner Herrschaftssoziologie (vgl. Anter und Breuer 2007) legt er weitere wichtige Grundlagen. Herrschaft ist – nach Weber – „die Chance, für einen bestimmten Befehl bestimmten Inhalts bei angebbaren Personen Gehorsam zu finden". Der Unterschied zwischen einer Herrschafts- und einer Gewaltbeziehung liegt dabei in der Haltung der Beherrschten. Nur wenn bei diesen zumindest eine minimale Bereitschaft besteht, gehorchen zu wollen, handelt es sich um ein „echtes" Herrschaftsverhältnis.

Max Weber hat für die rationale Herrschaft, die für den okzidentalen Staat typisch ist, drei Formen herausgearbeitet, die traditionale, die charismatische und die legal-bürokratische Legitimation (Weber 1980, S. 124). Während die traditionale Herrschaft an die „Heiligkeit" der überlieferten Ordnung geknüpft ist, bezieht sich die charismatische Herrschaft auf die persönliche Ausstrahlung („Charisma") eines Führers und die Hingabe der Menschen an diese Person. Demgegenüber ist die Geltungsgrundlage für die legal-bürokratische Herrschaft die formal-juristische Rechtmäßigkeit (Legalität) der Ordnung durch die rationale Begründung der Normen und Regeln. Damit wird bereits ein großes Spektrum von Legitimationsversuchen erfasst, allerdings scheint die legal-bürokratische Legitimation heute nicht

R. Voigt, *Der moderne Staat,* essentials, DOI 10.1007/978-3-658-10028-5_13

mehr auszureichen, um politische Entscheidungen, die den Bürgern und Bürgerinnen – meist langfristig – schmerzhafte Lasten auferlegen, zu rechtfertigen. Die formale Legalität einer Maßnahme muss vielmehr durch die Zustimmung der Bürgerinnen und Bürger erst legitimiert werden. Andernfalls führt die fehlende Legitimation zu Widerstand (vgl. Voigt 2015).

14 Habermas' neue Unübersichtlichkeit

Nicht nur die gesellschaftlichen, sondern auch die politischen Verhältnisse sind heute kaum noch durchschaubar. Wer hält tatsächlich die Macht in Händen? Viele Menschen haben das Vertrauen in die Politik verloren, die ihnen zunehmend fremder und unheimlicher wird. Ein Gefühl der Ohnmacht macht sich überall breit. In vielen Ländern (Beispiel: Argentinien) gehen die Menschen auf die Straße, um gegen Unfähigkeit und Korruption der Politiker zu protestieren. Jürgen Habermas (geb. 1929) kritisiert die Moderne als „Welt von Materialismus und Kapital, von Technik und Ökonomie", indem er darauf hinweist, dass Wissenschaft, Technik, Industrie, Militär und Verwaltung heute Elemente sind, die sich wechselseitig stabilisieren und deren Interdependenz wächst. In seinen frühen Arbeiten bezieht sich Habermas auf Kant sowie auf die „Dialektik der Aufklärung" von Max Horkheimer und Theodor W. Adorno (1988). Die von ihm so benannte „neue Unübersichtlichkeit" stellt er in den größeren Zusammenhang des Vertrauens der westlichen Kultur in sich selbst:

> Unübersichtlichkeit ist […] auch eine Funktion der Handlungsbereitschaft; die sich eine Gesellschaft zutraut". Sie gehört zu einer Situation, „in der eine immer noch von der arbeitsgesellschaftlichen Utopie zehrende Sozialstaatsprogrammatik die Kraft verliert, künftige Möglichkeiten eines kollektiv besseren und weniger gefährdeten Lebens zu erschließen" (Habermas 1985).

Die Politik fast aller europäischen Regierungen illustriert diesen Zustand, wenn sie – vor allem vor Wahlen – alle notwendigerweise drastischen Einschnitte in das Renten-, Gesundheits- und Arbeitsverwaltungssystem zu vermeiden suchen, um den Wählern nicht weh zu tun.

Das Wort „Steuererhöhung" wird bis zur Wahl zum „Unwort" erklärt, um nach der Wahl umso ungenierter an der Steuerschraube zu drehen. Die Regierenden haben nicht den Mut, den Regierten „reinen Wein" über die tatsächliche Lage einzu-

R. Voigt, *Der moderne Staat,* essentials, DOI 10.1007/978-3-658-10028-5_14

schenken. Reformen, die den Namen verdienen, bringen allerdings stets Gewinner und Verlierer hervor. Unter den Verlierern wären in diesem Fall insbesondere die mächtigen Konzerne. Kaum eine andere Konstellation ist für die Inhaber der Staatsmacht aber gefährlicher als ein umfassendes Bündnis der Verlierer, zumal dann, wenn diese über Kapital in größerem Umfang verfügen. Kein Wunder, dass Politiker ihre Aktivitäten darauf ausrichten, ein solches Bündnis unter allen Umständen zu verhindern.

Foucaults Mikrophysik der Macht 15

Für die zweite Hälfte des 20. Jahrhunderts hat der französische Philosoph Michel Foucault (1926–1984) die Rolle des provozierenden Anregers übernommen, der mit seiner Machtanalyse wie kein anderer zeitgenössischer Theoretiker polarisiert. Foucault wirft Hobbes vor, einem klassischen Denken von Repräsentationsverhältnissen verpflichtet geblieben zu sein. Mit diesen Instrumenten habe Hobbes das Risiko eines wahren Krieges minimieren, wenn nicht gar zu verhindern versucht. Deshalb habe er auch kein Verständnis für faktische Machtstrategien entwickeln können. Man könnte sagen: „Foucault schlägt König Hobbes den Kopf ab". Tatsächlich seien weder Hobbes noch Machiavelli „Theoretiker des Krieges in der Zivilgesellschaft" gewesen. Öffnet man nun den „Werkzeugkasten" Foucaults, dann finden sich dort einige Schlüsselwörter, die für sein Denken charakteristisch sind: die Plebs, das Nicht-Tolerierbare, der Widerstand, das Ereignis und die Macht. Besonders heftig wendet er sich gegen die staatliche Souveränität.

> Um die Machtverhältnisse konkret zu analysieren, muß man das juridische Modell der Souveränität fallenlassen. Dieses setzt das Individuum als Subjekt natürlicher Rechte und primitiver Mächte voraus; es verfolgt das Ziel, von der idealen Genese des Staates Rechenschaft abzulegen; schließlich macht es das Gesetz zum grundlegenden Nachweis von Macht (2009, S. 306).

Foucaults Studien „Geschichte des Wahnsinns", „Geburt der Klinik", „Geburt des Gefängnisses" und „Geschichte der Sexualität" vermitteln wichtige Einsichten in das Funktionieren gesellschaftlicher Machtprozesse. „Foucault setzt Analysen von gesellschaftlichen Makrophänomenen eine ‚Mikrophysik der Macht' entgegen, die sich auf lokale Praktiken und singuläre Institutionen konzentriert (vgl. Vasilache 2014). Dabei interessiert ihn weniger, wer Macht hat, als vielmehr die Frage, wie Macht funktioniert. Vor allem durch sein Buch Überwachen und Strafen hat er die Diskussion um die Macht als Unterdrückungsapparat beeinflusst. Dabei geht es

R. Voigt, *Der moderne Staat,* essentials, DOI 10.1007/978-3-658-10028-5_15

um einen Wandel von der Souveränitätsmacht zur Disziplinierungstechnologie. Er lenkt damit den Blick auf einen Veränderungsprozess in der Technologie der Macht an der Wende vom 18. zum 19. Jahrhundert, der den meisten Historikern und Kriminologen entgangen zu sein scheint.

> Der Übergang von den Martern mit ihren aufsehenerregenden Ritualen und ihrer reichen Kunst der Schmerzenszeremonie zu den Gefängnisstrafen, die hinter massiven Architekturen vergraben und durch das Geheimnis der Administrationen behütet sind, ist [...] der Übergang von einer Bestrafungskunst zu einer anderen, die nicht weniger gelehrt ist (Foucault 1977, S. 15).

Es handelt sich um eine technische Mutation", welche die Bestrafung den Augen der Öffentlichkeit entzieht und das ‚egalitäre' Gefängnis zu einem Ort „der Strafe der zivilisierten Gesellschaften" macht. Das Gefängnis steht allerdings in seiner Funktion als „Normalisierungsmacht" nicht allein, andere Einrichtungen der Psychiatrie, Heilung und Pflege gehören Foucault zufolge ebenfalls dazu. Provozierend ist zudem Foucaults These (Erkenntnis?), dass das Gefängnis nicht dem Gericht untersteht, wie allgemein angenommen, sondern dass – umgekehrt – „das Gericht dem Gefängnis angeschlossen und untergeordnet" ist.

Foucault konstatiert dabei nicht nur Änderungen der Bestrafungsmodalitäten, sondern eine radikale Zieländerung. Seit den Strafrechtsreformen zu Beginn des 19. Jahrhunderts zielt die Bestrafung nicht mehr in erster Linie auf die Gesetzesübertretungen, sondern auf die Individuen selbst, auf das, „was sie sind, sein werden, sein können". Nur auf den ersten Blick erscheint es daher als paradox, wenn sich Foucault dabei auf die allgemeine Vertragstheorie beruft und Rousseau als Kronzeugen anführt. Mit den Gesetzen der Gesellschaft hat der Bürger auch das Gesetz angenommen, das ihn zu strafen droht. Die Strafgewalt wird als eine allgemeine Gesellschaftsfunktion definiert, „die in gleicher Weise an allen Mitgliedern der Gesellschaft ausgeübt wird und in der jedes Mitglied der Gesellschaft gleichermaßen repräsentiert ist".

> ‚Die peinliche Strafe [...] gehört [...] zu den Zeremonien, in denen sich die Macht manifestiert'. ‚Es handelt sich um ein Zeremoniell zur Wiederherstellung der für einen Augenblick verletzten Souveränität'.

Darin spiegelt sich die Asymmetrie zwischen dem das Gesetz verletzenden Subjekt und dem allmächtigen Souverän. Die Bestrafung findet in der Zeit vor den Strafrechtsreformen öffentlich statt, denn der eigentliche Adressat ist das Volk, bei dem durch das Schauspiel eine Terrorwirkung (Hobbes: „terrour of some punishment") hervorgerufen werden soll.

> Die Strafriten waren […] Funktionen einer Macht […], für die der Ungehorsam ein Akt der Feindseligkeit, ja der Rebellion, letztlich des Bürgerkriegs ist […] (Foucault 1977, S. 74 ff.).

Der Verbrecher ist ein „Feind des Fürsten". Während auch an dieser Stelle Anklänge an die Schmittsche Freund-Feind-Unterscheidung sichtbar werden, zeigt sich im Folgenden in der Foucaultschen Denkweise Anknüpfungsmöglichkeiten für Agamben. Foucaults Ausgangspunkt ist eine „politische Ökonomie des Körpers", in die er die von ihm analysierten Strafsysteme einordnet. Der menschliche Körper wird als „Produktionskraft von Macht- und Herrschaftsbeziehungen" definiert und damit zugleich eine unauflösliche Beziehung zwischen Macht und Wissen hergestellt:

> Zu behandeln wäre der ‚politische Körper' als Gesamtheit der materiellen Elemente und Techniken, welche als Waffen, Schaltstationen, Verbindungswege und Stützpunkte den Macht- und Wissensbeziehungen dienen, welche die menschlichen Körper besetzen und unterwerfen, indem sie aus ihnen Wissensobjekte machen (Foucault 1977, S. 39 ff.).

Foucaults Untersuchungen zur politischen Rationalität bestimmen unter dem Begriff „Governance" heute die politik- und verwaltungswissenschaftliche Diskussion in weiten Bereichen.

16 Agambens homo sacer

Der italienische Rechts- und Sozialphilosoph Giorgio Agamben (geb. 1942) hat Hobbes' „Leviathan" gründlich gelesen (2014), allerdings andere souveränitätstheoretische Schlüsse daraus gezogen als dieser. Foucault geht seiner Ansicht nach nicht weit genug. Für Agamben ist der Naturzustand weder eine reale Epoche noch ein vorrechtlicher Zustand, sondern „in Wahrheit ein Ausnahmezustand", der „im bürgerlichen Staat in Form der souveränen Entscheidung fortwährend wirksam" bleibt (2003). Für Agamben ist der Ausnahmezustand neben Staat, Territorium und Nation das vierte Element der politischen Ordnung. Er versucht den rein rechtlichen und biotechnischen Zugriff auf das Leben aufzubrechen. Er setzt sich sowohl mit Karl Marx und Martin Heidegger wie mit Walter Benjamin und Michel Foucault, mit Hannah Arendt und Carl Schmitt auseinander. Von Walter Benjamin (1892–1940) hat er die Gattung des erzählerischen Denkbildes übernommen. Agamben denkt strukturell und nutzt die Analogie fast bis zum Exzess, um eingefahrene Denkmuster zu sprengen. So gelingt es ihm, Phänomene, die auf den ersten Blick nichts miteinander zu tun haben, wie z. B. Auschwitz, Guantánamo und Intensivstation, in einen Sinnzusammenhang zu bringen.

> Sollten wir, statt endlos zwischen Abschaffung und Beibehaltung des Rechts, des Gesetzes hin- und herzuschwanken, nicht eher versuchen, die Beziehungen zwischen Leben und Recht, zwischen Recht und Gewalt anders und genauer zu denken? (Agamben 2006, S. 168 f.).

Das „Lager ist nicht als eine historische Tatsache und als eine Anomalie anzusehen, [...] sondern in gewisser Weise als verborgene Matrix, als nómos des politischen Raumes, in dem wir heute noch leben". Bei seiner unorthodoxen Beschäftigung mit aktuellen rechtlich-politischen Fragen entwickelt Agamben eine Philosophie von rechtsfreien Räumen und der Reduzierung des Menschen auf sein „nacktes

R. Voigt, *Der moderne Staat,* essentials, DOI 10.1007/978-3-658-10028-5_16

Leben". Den von ihm beobachteten totalitären Zugriff auf jeden Einzelnen – symbolisiert in dem US-Gefangenenlager auf Kuba – bezeichnet Agamben im Anschluss an Foucault als Biopolitik. Neben Staat, Territorium und Nation tritt bei Agamben als viertes Element der Ausnahmezustand. Überformt und durchdrungen wird diese Welt durch das Mediensystem (vgl. Loick 2011).

> In Gestalt dieser abgetrennten und von den Medien geordneten Welt, in der sich die Formen des Staates und die der Ökonomie durchdringen, erlangt die Marktwirtschaft ihren Status absoluter und von jeder Verantwortung entbundener Souveränität über das gesamte gesellschaftliche Leben (Agamben 2003a, S. 73).

In seiner Trilogie „Homo Sacer" beleuchtet Agamben den Zusammenhang zwischen einer zunehmenden Verrechtlichung menschlichen Lebens einerseits und der wachsenden Entrechtung von Menschen andererseits (2002). Dabei geht Agamben von einer durch Recht verfassten Spaltung der Identität in ein politisches Wesen (Aristoteles: zoon politikon) und „bloßes Leben" aus. Nach römischem Recht darf jeder den homo sacer straflos töten, die Parallele zu den unlawful combattants des Afghanistankrieges, denen von den US-Präsidenten die Behandlung nach den Genfer Konventionen versagt wird, liegt auf der Hand. Der Mensch, der nichts als sein Leben hat, ist gewissermaßen „vogelfrei". Agamben knüpft dabei einerseits an eine Rechtsfigur des römischen Rechts, andererseits an Hannah Arendt (1906–1975) an, die in tiefer Skepsis gegenüber der internationalen Staatenwelt das Entstehen barbarischer Systeme jederzeit für möglich gehalten hat. Dass selbst die Vereinigten Staaten von Amerika als „Hort der Freiheit" – so erschienen sie den Emigranten aus Deutschland – sich in diese Richtung (totale Datenüberwachung durch die NSA) entwickeln könnten, hat Hannah Arendt freilich nicht vorausgesehen. Der homo sacer symbolisiert zum einen strukturelle Elemente, die in jedem politischen System, also auch in einem demokratischen, zu finden sind, zum anderen dient er als quasikörperliche Gestalt mit Wiedererkennungswert.

Worin besteht nun der Zusammenhang zwischen Hobbes' Leviathan und Foucaults Ökonomie des Körpers? Der italienische Philosoph Roberto Esposito (geb. 1950) gibt die Antwort hierauf, indem er die Hobbesschen Kategorien Souveränität, Repräsentanz und Individuum neu interpretiert. Aus seiner Perspektive bilden sie lediglich „sprachlich-begriffliche Abwandlungen" oder „philosophisch-politische Übersetzungen" der Frage nach der Selbsterhaltung des Lebens. Genauer: „der Frage, wie das menschliche Leben gegen die es bedrohenden Gefahren gewaltsamer Auslöschung zu schützen sei" (Esposito 2004). Während in der frühen Neuzeit das Verhältnis zwischen Politik und bíos noch einem Ordnungs- und Vermittlungsparadigma unterworfen gewesen sei, sei dieses Paradigma später – etwa ab dem 18. Jahrhundert – durch eine direktere Verbindung ersetzt worden.

Charakteristika des modernen Staates 17

Vergewissern wir uns nach diesem Abriss einflussreicher Staatstheorien noch einmal der wichtigsten Merkmale, die sich aus der Entstehungsgeschichte des modernen Staates ableiten lassen:

Der moderne Staat ist Territorialstaat, seine Macht erstreckt sich auf ein Gebiet, in dem ausschließlich er die oberste Gewalt (Souveränität) auszuüben befugt ist und in dem er (theoretisch) unabhängig von Einflüssen von außen ist.

Der Staat ist die Zusammenfassung der Bürger (später auch der Bürgerinnen) eines Gebiets, die sich als Staatsvolk bzw. politische Nation („Staatsbürgernation") konstituieren.

Der Staat ist organisierte Entscheidungs- und Wirkeinheit einer Gesellschaft, er verfügt als Mindestkompetenz über die Berechtigung zur Gesetzgebung und zur legitimen Ausübung von Zwang („Gewaltmonopol"); darüber hinaus hat der Staat die Aufgabe zur Bereitstellung von öffentlichen Gütern und Leistungen.

Die institutionelle Grundlage des Staates bildet die Verfassung, die seinem Handeln die rechtliche Grundlage verleiht, den Staat selbst jedoch nicht konstituiert. Vielmehr kann sich das Volk – z. B. nach revolutionären oder kriegsbedingten Umbrüchen – eine neue Verfassung geben.

Die politische Struktur des modernen Staates ist die Demokratie: Entscheidungen der Staatsorgane müssen auf den Willen des vereinigten Volkes (Wahlvolk) zurückgeführt werden. Ob das Wahlvolk in bestimmten Fragen z. B. durch Referenden selbst entscheiden können muss, ist umstritten.

Die Tätigkeit des Staates besteht (u. a.) im Ausführen des im demokratischen Verfahren bestimmten Willens des Volkes durch eine Regierungs- und Verwaltungsorganisation, die auf Berechenbarkeit und Kontrollierbarkeit angelegt ist. Dazu gehört auch die politische Führung des Gemeinwesens.

R. Voigt, *Der moderne Staat,* essentials, DOI 10.1007/978-3-658-10028-5_17

18 Herausforderungen der Globalisierung

Der solchermaßen skizzierte moderne Staat sieht sich durch die mit dem Stichwort „Globalisierung“ bezeichneten technischen, ökonomischen, sozialen und politischen Veränderungen mit gewaltigen Herausforderungen konfrontiert. Ein entscheidender Aspekt ist dabei die Entgrenzung. Als elementare Kategorie des Politischen dient die Grenze der Freiheitssicherung. Dabei steht die Grenze in einem doppelten Bedingungsverhältnis. Einerseits ist sie die Bedingung moderner Staatlichkeit, anderseits ist der Staat die einzige Instanz, die Grenzen verbindlich festlegen und garantieren kann.

> Die Grenzen der Freiheit der einen gegenüber der der anderen zu ziehen und festzulegen, damit Freiheit für alle möglich wird, bedarf einer Autorität […], einer Instanz, die die Befugnis hat, nach vorangegangener Diskussion […] verbindliche Entscheidungen zu treffen (Böckenförde 1997, S. 54).

In neuerer Zeit werden Grenzen allerdings oft einseitig festgelegt und durch völkerrechtliche Verträge gesichert. Gelegentlich werden Grenzen auch kraft Richterspruchs eines Internationalen Gerichtshofs fixiert. Wie wirkt sich nun die fortschreitende Entgrenzung in einzelnen Bereichen aus?

Deregulierte Kapital- und Gütermärkte erlauben blitzschnelle, computergestützte grenzüberschreitende Finanzbewegungen privater Investoren (Fonds) mit weitreichenden Folgen für die betroffenen Staaten, Gesellschaften und Individuen; diese Folgen werden in aller Regel auf den betroffenen Staat abgewälzt.

Datenautobahnen ermöglichen den Unternehmen, ihre Produktionsanlagen und Dienstleistungsbereiche auf verschiedene Standorte in der Welt zu verteilen, ohne dass dies die betroffenen Staaten nachhaltig beeinflussen könnten. Sie reagieren mit sog. Standortverbesserungen (Stichwort: niedrige Unternehmenssteuern).

R. Voigt, *Der moderne Staat,* essentials, DOI 10.1007/978-3-658-10028-5_18

Roboterisierung und Computerisierung lassen weltweit den Bedarf an Arbeitskräften sinken; darüber hinaus produzieren transnationale Unternehmen dort, wo die Löhne besonders niedrig, die Arbeitszeiten besonders lang und die sozialen Rechte gering sind; vor allem die Arbeitnehmer haben die Folgen zu tragen.

Die „Globalisierung" ebnet alle regionalen und nationalen kulturellen Unterschiede im Sinne einer weltweiten Vereinheitlichung und Verflachung ein (Stichwort: McWorld). Das bedeutet in der Konsequenz eine „Negierung der Eigenständigkeit und Subjektstellung kulturgeprägter Wirtschafts- und Lebensräume".

Staatsgrenzen verlieren einen Teil ihrer Funktion; denn nicht nur Informationen (Stichwort: Internet) und Ideen (Stichwort: Demokratie), sondern auch Migrationsströme und terroristische Bedrohungen (Stichwort: Al-Kaida) überschreiten Grenzen, die sich nicht mehr effektiv überwachen lassen.

Die äußere Souveränität der (europäischen) Nationalstaaten wird durch Völkerrecht, internationale Vereinbarungen, supranationale Zusammenschlüsse, aber auch durch die Aktivitäten transnationaler Akteure (Stichwort: Wirtschaftsmacht), rechtlich, zunehmend aber auch faktisch eingeschränkt.

Ihr wichtigster Bestandteil ist das Gewaltmonopol; durch die zunehmende Privatisierung von Gewalt auf innerstaatlicher (Stichwort: private Sicherheitsdienste) wie auf transnationaler Ebene (Stichwort: Private Military Companies) ist sie jedoch nachhaltig gefährdet.

Gefährdungen der Staatlichkeit 19

Betrachten wir unter dem Gesichtspunkt ihrer Gefährdung noch einmal die Charakteristika moderner Staatlichkeit:

Territorialstaat Er ist gefährdet, weil die Grenzen nicht mehr sicher sind; der Staat kann seine Staatsbürger nicht (mehr) zuverlässig vor Angriffen von außen schützen. Das gilt für Angriffe mit materiellen Waffen (Raketen etc.) ebenso wie für sog. Cyber-Angriffe.

Nationalstaat Er ist in Bedrängnis, weil durch die starke Zuwanderung aus unterschiedlichen Kulturkreisen auch eine selbstbewusste Nation wie die französische „Grande Nation" in eine Sinnkrise gerät (Stichwort: Aufstand der Ghettos).

Rechtsstaat Sein Kernbestand ist der Grundrechtsschutz; er ist Turbulenzen ausgesetzt, wenn internationale und suprastaatliche Instanzen auch über den Inhalt zentraler Grundrechtsbestimmungen entscheiden (Stichwort: Urteil des EuGH zum Dienst von Frauen mit der Waffe), und Geheimdienste ungehindert den Datenverkehr der Bürger ausspähen.

Demokratie Sie gerät in Gefahr, wenn politische Entscheidungen von zentraler Bedeutung nicht mehr von denen getroffen werden können, die das Wahlvolk mit der Regierung betraut hat, sondern von anonymen Investoren, Financiers etc. (Stichwort: Währungsspekulationen) oder supra- bzw. internationalen Institutionen und das Parlament lediglich an anderer Stelle getroffene Entscheidungen „beglaubigt".

R. Voigt, *Der moderne Staat,* essentials, DOI 10.1007/978-3-658-10028-5_19

Zukunft des Staates

20

Vom Friedensstaat über den Rechtsstaat, den Verfassungsstaat und den Sozialstaat ist der moderne Staat zum Leistungs- und Gewährleistungsstaat geworden. Damit ist ein hohes Leistungsniveau verbunden, das nicht jeder Staat der Erde erreichen bzw. aufrechterhalten kann.

> Die Geschichte des modernen Staates ist die Geschichte der Zähmung des Leviathans – durch Menschenrechte und Vernunftrecht, durch Gesetzesstaatlichkeit, Rechtsstaatlichkeit und Verfassungsstaatlichkeit, durch Gerechtigkeit, Gewaltenteilung und Demokratie (Kersting 2000, S. 278).

Was ist aus diesem stolzen Leviathan geworden? In der Tat agiert er vielerorts lediglich als zahnloser Löwe, der die Hyänen und Schakale nicht mehr in Schach halten kann. Mit ihrer unersättlichen Gier bedrohen diese nicht mehr nur einzelne Tiere, sondern den Gesamtbestand. Der Staat wird von innen wie von außen attackiert. Er scheint „in der sich politisch selbst organisierenden Gesellschaft versunken" zu sein. Ernst Forsthoff, ein Schüler Carl Schmitts, hat aus der Verlagerung des Schwergewichts der politischen Gesamtordnung in die Industriegesellschaft, durch die der Staat die Evidenz verloren habe, den Schluss gezogen: „Das Konkret-Allgemeine hat keine Instanz mehr" (1971, S. 159). Das gilt für den nächsten Entwicklungsschritt, von der Industriegesellschaft zur Informationsgesellschaft umso mehr. Hier hat das Konkret-Allgemeine nicht einmal mehr einen Namen.

Der okzidentale Staat, dessen Konturen sich in der Frühen Neuzeit allmählich herausgeschält haben, hat im Laufe der letzten 500 Jahre zahlreiche Metamorphosen durchlebt. Er hat sich zwar – zum Teil erheblich – gewandelt, er hat aber keineswegs aufgehört zu existieren. Aus dem obrigkeitsstaatlichen Territorialstaat ist zunächst der souveräne Nationalstaat und dann der demokratische Rechts- und Sozialstaat hervorgegangen. Diese Veränderungen sind freilich nicht als Entwicklungsstufen in dem Sinne zu verstehen, dass sie sich gegenseitig ausschließen

R. Voigt, *Der moderne Staat,* essentials, DOI 10.1007/978-3-658-10028-5_20

würden. Das bedeutet also nicht, dass die Kategorien Territorium, Souveränität und Nation für den Staat heute keine Rolle mehr spielten. Ganz im Gegenteil: Sie bilden das Fundament, auf dem der voll ausgebildete Staat okzidentaler Prägung beruht und aus dem er seine Stabilität gewinnt (Voigt 2014a).

Die Zukunft des okzidentalen Staates hängt im Wesentlichen von fünf Faktoren ab:

Souveränität: Erhaltung einer eigenständigen Sphäre des Staatlichen gegenüber den Zwängen der „Globalisierung" zumindest für einige wirklich souveräne Staaten.

Staatsbewusstsein: Stärkung des Bewusstseins der Menschen, dass ihre Sicherheit und ihre Freiheit vom Schutz durch einen machtvollen Rechtsstaat abhängen und sie bereit sein müssen, für diesen zu kämpfen.

Gewaltmonopol: Sicherung bzw. Wiederherstellung des alleinigen Verfügungsrechts des Staates über den legitimen Einsatz von Gewalt im Innern wie nach außen.

Handlungsfähigkeit: Zuweisung (oder Beibehaltung) wichtiger Kernkompetenzen, um den Staat in die Lage zu versetzen, Alles zum Schutz der Staatsbürger zu tun.

Eigenständigkeit: Schaffung staatlicher Einheiten, die stark genug sind, ihre Eigenständigkeit auch gegenüber dem amerikanischen Imperium sowie künftigen Imperien (z. B. einem chinesischen) zu behaupten.

Was Sie aus diesem Essential mitnehmen können

- Zum Schutz der Menschen ist ein funktionsfähiger Staat erforderlich
- Herrschaft bedeutet im Alltag vor allem Verwaltung
- Machtbesitz tendiert auch in Demokratien zum Machtmissbrauch
- Zur Freiheitssicherung muss die Macht durch Recht eingehegt werden
- Der demokratische Rechts- und Sozialstaat ist unverzichtbar.

R. Voigt, *Der moderne Staat,* essentials, DOI 10.1007/978-3-658-10028-5

Literatur

Agamben, G. (2002). *Homo Sacer. Die souveräne Macht und das nackte Leben*. Frankfurt a. M.: Suhrkamp.

Agamben, G. (2003a). *Ausnahmezustand* (homo sacer III). Frankfurt a. M.: Suhrkamp.

Agamben, G. (2003b). *Die kommende Gesellschaft*. Berlin: Merve.

Agamben, G. (2006). Spiegel-Interview mit Giorgio Agamben. *Der Spiegel, 9,* 168–169.

Agamben, G. (2014). *Leviathans Rätsel* (Hrsg. von F. Hermann). Tübingen: Mohr Siebeck.

Anter, A. (Hrsg.). (2004). *Die normative Kraft des Faktischen. Das Staatsverständnis Georg Jellineks*. Baden-Baden: Nomos.

Anter, A., & Breuer, S. (Hrsg.). (2007). *Max Webers Staatssoziologie. Positionen und Perspektiven*. Baden-Baden: Nomos.

Aristoteles. (1998). *Politik. Schriften zur Staatstheorie*. Stuttgart: Philipp Reclam jun.

Aron, R. (1989). *Hauptströmungen des modernen soziologischen Denkens*. Köln: Kiepenheure & Witsch.

Böckenförde, E.-W. (1976). *Staat, Gesellschaft, Freiheit. Studien zur Staatstheorie und zum Verfassungsrecht*. Frankfurt a. M.: Suhrkamp.

Böckenförde, E.-W. (1997). Recht setzt Grenzen. Warum Entgrenzungen freiheitswidrig sein können. *Neue Zürcher Zeitung, 32,* 54.

Bodin, J. (1981). *Sechs Bücher über den Staat* (Hrsg. von C. Mayer-Tasch). München: C. H. Beck.

Engels, F. (1973). *Der Ursprung der Familie, des Privateigentums und des Staats*. Berlin: Dietz.

Esposito, R. (2004). *Immunitas. Schutz und Negation des Lebens*. Berlin: Diaphane.

Forsthoff, E. (1981). *Der Staat der Industriegesellschaft*. München: C. H. Beck.

Foucault, M. (1977). *Überwachen und Strafen. Die Geburt des Gefängnisses*. Frankfurt a. M.: Suhrkamp.

Foucault, M. (2009). *In Verteidigung der Gesellschaft. Vorlesungen am Collège de France (1975–1976)*. Frankfurt a. M.: Suhrkamp.

Gangl, M. (Hrsg.). (2011). *Die Weimarer Staatsrechtsdebatte. Diskurs- und Rezeptionsstrategien*. Baden-Baden: Nomos.

Habermas, J. (1985). *Die neue Unübersichtlichkeit. Kleine Politische Schriften V*. Frankfurt a. M.: Suhrkamp.

R. Voigt, *Der moderne Staat,* essentials, DOI 10.1007/978-3-658-10028-5

Hauser, H. (1930). *Les origines historiques des problèmes économiques actuels*. Paris: Durand á Chartres pour.

Hegel, G. W. F. (2004). *Die Philosophie des Rechts. Vorlesung von 1821/1822 in einer Nachschrift* (Hrsg. von K. Berr und A. Gethmann-Siefert, 2. Aufl.). Frankfurt a. M.: Suhrkamp.

Herb, K., & Hidalgo, O. (Hrsg.). (2004). *Alter Staat – Neue Politik. Tocquevilles Entdeckung der modernen Demokratie*. Baden-Baden: Nomos.

Hirsch, J., Kannankulam, J., & Wissel, J. (Hrsg.). (2008). *Der Staat der bürgerlichen Gesellschaft. Zum Staatsverständnis von Karl Marx*. Baden-Baden: Nomos.

Hobbes, T. (1984). *Leviathan oder Stoff, Form und Gewalt eines kirchlichen und bürgerlichen Staates* (Hrsg. von I. Fetscher). Frankfurt a. M.: Suhrkamp.

Horkheimer, M., & Adorno, T. W. (1988). *Dialektik der Aufklärung. Philosophische Fragmente*. Frankfurt a. M.: Fischer.

Jellinek, G. (1982). *Allgemeine Staatslehre*. Bodenheim: Athenaeum.

Kant, I. (1945). *Metaphysik der Sitten*. Leipzig: Meiner.

Kant, I. (1986). *Kritik der reinen Vernunft*. Stuttgart: Reclam.

Kersting, W. (2000). *Politik und Recht. Abhandlungen zur politischen Philosophie der Gegenwart und zur neuzeitlichen Rechtsphilosophie*. Weilerswist: Velbrück.

Kersting, W. (Hrsg.). (2003). *Die Republik der Tugend. Das Staatsverständnis von Jean-Jacques Rousseau*. Baden-Baden: Nomos.

König, R. (1941). *Niccolò Machiavelli. Zur Krisenanalyse einer Zeitenwende*. Erlenbach: Eugen Rentsch.

Llanque, M. (Hrsg.). (2010). *Souveräne Demokratie und soziale Homogenität. Das politische Denken Hermann Hellers*. Baden-Baden: Nomos.

Locke, L. (1977). *Zwei Abhandlungen über die Regierung* (Hrsg von W. Euchner). Frankfurt a. M.: Suhrkamp.

Loick, D. (Hrsg.). (2011). *Der Nomos der Moderne. Die politische Philosophie Giorgio Agambens*. Baden-Baden: Nomos.

Machiavelli, N. (2010). *Hauptwerke: Vom Staate, Der Fürst, Kleine Schriften*. Hamburg: Nikol.

Marx, K. (1956). Zur Kritik der Hegelschen Rechtsphilosophie. In K. Marx & F. Engels (Hrsg.), *Werke* (MEW) (Bd. 1). Berlin: Dietz.

Mehring, R., & Otto, M. (Hrsg.). (2014). *Voraussetzungen und Garantien des Staates. Ernst-Wolfgang Böckenfördes Staatsverständnis*. Baden-Baden: Nomos.

Montesquieu, C. (1986). *Vom Geist der Gesetze*. Stuttgart: Philipp Reclam jun.

Nietzsche, F. (1956). *Werke in drei Bänden* (Hrsg. von K. Schlechta). München: Carl Hanser.

Orwell, G. (1994). *1984* (Hrsg. von H. W. Franke). Berlin: Ullstein.

Ottmann, H. (Hrsg.). (2009). *Kants Lehre von Staat und Frieden*. Baden-Baden: Nomos.

Pauly, W. (Hrsg.). (2009). *Der Staat – eine Hieroglyphe der Vernunft. Staat und Gesellschaft bei Georg Wilhelm Friedrich Hegel*. Baden-Badern: Nomos.

Rawls, J. (1979). *Eine Theorie der Gerechtigkeit*. Frankfurt a. M.: Suhrkamp.

Reinhardt, V., Saracino, S., & Voigt, R. (Hrsg.). (2015). *Der Machtstaat. Niccolò Machiavelli als Theoretiker der Macht im Spiegel der Zeit*. Baden-Baden: Nomos.

Ritter, G. (1943). *Machtstaat und Utopie. Vom Streit um die Dämonie der Macht seit Machiavelli und Morus* (4. Aufl.). München: Oldenbourg.

Rousseau, J.-J. (1978). *Der Gesellschaftsvertrag* (Contrat Social). Frankfurt a. M.: Insel.

Rousseau, J.-J. (1998). *2010. Abhandlung über den Ursprung und die Grundlagen der Ungleichheit* (Hrsg. von Ph. Rippel). Stuttgart: Philipp Reclam jun.

Salzborn, S. (Hrsg.). (2010). *Der Staat des Liberalismus. Die liberale Staatstheorie von John Locke*. Baden-Baden: Nomos.

Salzborn, S. (Hrsg.). (2012). *„... ins Museum der Altertümer ...“. Staatstheorie und Staatskritik bei Friedrich Engels*. Baden-Baden: Nomos.

Salzborn, S., & Voigt, R. (Hrsg.). (2010). *Souveränität. Theoretische und ideengeschichtliche Reflexionen*. Stuttgart: Franz Steiner.

Schmitt, C. (1928). *Verfassungslehre*. Berlin: Duncker & Humblot.

Schmitt, C. (1963). *Der Begriff des Politischen*. Berlin: Duncker & Humblot.

Schmitt, C. (1982). *Der Leviathan in der Staatslehre des Thomas Hobbes. Sinn und Fehlschlag eines Symbols*. Stuttgart: Klett-Cotta.

Schölderle, T. (Hrsg.). (2014). *Idealstaat oder Gedankenexperiment? Zum Staatsverständnis in den klassischen Utopien*. Baden-Baden: Nomos.

Sieyès, E. (1988). *Politische Schriften 1788–1790* (Hrsg. von E. Schmitt). München: Luchterhand.

Skinner, Q. (2012). *Die drei Körper des Staates*. Göttingen: Wallstein.

Vasilache, A. (Hrsg.). (2014). *Gouvernementalität, Staat und Weltgesellschaft. Studien zum Regieren in Anschluss an Foucault*. Wiesbaden: VS Verlag für Sozialwissenschaften.

Voigt, R. (2009). *Der Januskopf des Staates. Warum wir auf den Staat nicht verzichten können*. Stuttgart: Franz Steiner.

Voigt, R. (2014a). *Den Staat denken. Der Leviathan im Zeichen der Krise* (4. Aufl.). Baden-Baden: Nomos.

Voigt, R. (2014b). *Phönix aus der Asche. Die Geburt des Staates aus dem Geist der Politik* (2. Aufl.). Baden-Baden: Nomos.

Voigt, R. (2015a). *Denken in Widersprüchen. Carl Schmitt wider den Zeitgeist*. Baden-Baden: Nomos.

Voigt, R. (Hrsg.). (2015b). *Legalität ohne Legitimität? Carl Schmitts Kategorie der Legitimität*. Wiesbaden: VS Verlag für Sozialwissenschaften.

Wallerstein, I. (2012). *Das moderne Weltsystem I–IV*. Wien: Promedia.

Weber, M. (1980). *Wirtschaft und Gesellschaft. Grundriß der verstehenden Soziologie*. Tübingen: Mohr Siebeck.

Zehnpfennig, B. (Hrsg.). (2014). *Die „Politik“ des Aristoteles* (2. Aufl.). Baden-Baden: Nomos.